우리가 즐겨먹는 빵들은 어디서 왔을까

12 가지 맛과 향을 따라 가는 시간여행

장준호

우리가 즐겨먹는 빵들은 어디서 왔을까

발　　　행 ┃ 2023년 4월 21일

저　　　자 ┃ 장준호

디　자　인 ┃ 이지형, 미드저니

편　　　집 ┃ 어비

펴　낸　이 ┃ 송태민

펴　낸　곳 ┃ 열린 인공지능

등　　　록 ┃ 2023.03.09(제2023-16호)

주　　　소 ┃ 서울특별시 영등포구 영등포로 112

전　　　화 ┃ (0505)044-0088

이　메　일 ┃ book@uhbee.net

ISBN ┃ 979-11-93084-74-8

www.OpenAIBooks.shop

우리가 즐겨먹는 빵들은 어디서 왔을까

12가지 맛과 향을 따라 가는 시간여행

장준호

목차

저자의 한마디

밀가루라는 마법 같은 재료를 사용해 만들어지는 매력적인 음식들을 이야기하자면 밤을 새워도 모자랄 정도입니다. 그중 지구촌에서 아주 많이 사랑받는 빵(이하 피자, 케이크, 쿠키 등을 편의상 빵이라고 지칭합니다.)들을 중심으로 탄생과 기원에 대한 이야기들을 재미있게 들려드리고자 합니다.

잠자기전에 포근한 침대에 몸을 기대어, 싱그러운 아침햇살을 맞으며 차한잔의 여유속에서 또는 이어폰에서 흘러나오는 음악으로 스스로를 가두어 놓은 지하철에서 가볍게 읽을 수 있을 만한 이야기 들을 모아봤습니다.

앞으로 펼쳐질 이야기들은 역사적 근거가 없는 이야기 일지도 모릅니다. 하지만 사람들은 언제나 자신이 좋아하는 음식이 어떻게 시작되었고 얼마나 재미있는 사연을 가진 것인지 항상 궁금해합니다. 이 책을 읽고 나면 아침에 바삭한 바게트를 씹으며, 오후에 바스러지는 크루와상의 버터향을 코에 닿을 정도로 맡으며 그리고 저녁에 스스로의 포상으로 케이크 한조각을 입안 가득 먹으며 입으로만 가져가던 맛난 친구들의 숨겨진 이야기를 가슴속에서도 떠올리게 될 것입니다.

이 이야기들은 ChatGPT-4와 장시간동안 아주 방대한 대화를 하며 저의 지식을 정리하는 방향으로 작업하였습니다. 따라서 출처가 불분명하고 끝없이 방대한 흩어진 지식의 집합으로 이해해 주셔도 좋을 것 같습니다.

저자 소개

저자 장준호는 머릿속에 빵생각으로 가득하고 가슴속에 빵에 대한 열정으로 가득한 빵전문가이다. 집안 그리고 저장공간에 가득 채운 제빵, 제과, 요리 등 여러 분야에 대한 역사, 실용, 교양 등 전문서적 수만권을 읽으며 쌓아온 지식을 기회가 되는대로 나누고자 노력하고 있다.

대기업과 외국계 기업 재직당시의 해외 생활을 통해 배운 각국의 빵과 문화에 대한 다양한 경험과 배움을 바탕으로 끊임없이 빵에 대한 연구와 집필을 하고 있다.

르꼬르동블루 서울 캠퍼스와 ICI(Istanbul Culinary Institute)수료 후 현재는 용인 타니예르 베이커리의 대표이자 오너셰프로 있다.

최근에는 AI를 이용해 제빵의 기술과 과정을 과학적으로 재해석하고 발전시키고자 노력하고 있다.

01
막대기 빵, 바게트

바게트는 프랑스의 대표적인 빵입니다. 막대기라는 뜻의 바게트는 프랑스 뿐만이 아닌 전세계 어디서나 만날 수 있는 유명한 빵이지요. 그 자체로써 식사빵은 물론, 우리나라에서도 얼마전부터는 샌드위치(잠봉뵈르, 서브웨이 등)로 많이 이용되기도 합니다.

갓 구워져 나온 바게트를 곁에 두고 눈을 감은 채 귀를 기울이면 크러스트에서 나는 바게트의 노래를 들을 수도 있습니다. 자, 이런 사랑스러운 빵 중의 빵, 바게트는 과연 어떻게 탄생된 것일까요?

첫번째, 오스트리아에서 유래되었다는 이야기

오스트리아는 바게트의 발전에 중요한 역할을 한 것으로 알려져 있습니다. 바게트의 탄생을 이해하려면 19세기 후반의 오스트리아를 들여다봐야 합니다. 이 시기 오스트리아에서는 스탠더드브로트라는 빵이 널리 만들어졌습니다. 이 빵은 오스트리아 제국의 유명한 빵 중 하나였으며, 바게트의 원형으로 여겨집니다.

오스트리아의 스탠더드브로트는 매우 긴 모양으로, 얇은 둥근 모양의 프랑스 빵과는 차별화되어 있습니다. 스탠더드브로트는 길고 가늘며, 바게트처럼 겉은 바삭하고 속은 부드러운 질감을 가지고 있습니다. 이러한 특성 때문에 오스트리아의 스탠더드브로트는 바게트의 조상으로 여겨집니다.

19세기 후반, 오스트리아 기술자가 프랑스에 스탠더드브로트 제조법을 소개했습니다. 이러한 이야기 중 하나는 프랑스 파리에 있는 오스트리아 제과점에서 스탠더드브로트를 만들기 시작한 것으로 전해집니다. 이렇게 오스트리아의 빵 제조법이 프랑스에 전파되면서 프랑스 빵 문화에도 큰 영향을 미쳤습니다.

스탠더드브로트가 프랑스에 소개된 후, 프랑스 빵 제조업자들은 이 빵을 바탕으로 자신들만의 독특한 빵을 개발하기 시작했습니다. 이 과정에서 오스트리아의 스탠더드브로트는 점차 바게트와 유사한 모양과 크기로 변화했습니다. 이러한 변화는 프랑스의 기후와 재료, 그리고 빵 제조 기술의 발전에 기인합니다.

두번째, 19세기 프랑스 사회의 변화에 따른 탄생

19세기 프랑스에서는 빵의 생산과 소비에 있어서 큰 변화가 일어났습니다. 과거에는 식빵과 같은 흰 빵이 주류였지만, 19세기 중반 이후에는 고품질의 빵을 원하는 소비자들의 요구가 높아지면서 빵 제작에 대한 기술적 발전과 경쟁이 시작되었습니다. 이 시기에는 빵의 크기와 가격이 규제되지 않았기 때문에, 빵 제작자들은 경쟁력 있는 제품을 만들어 소비자들의 사랑을 받으려고 노력했답니다.

그러한 상황에서 바게트가 등장하게 된 이유는 몇 가지가 있습니다. 첫째, 바게트는 생산과 소비에 있어서 매우 효율적이었습니다. 긴 막대 모양으로 빵 반죽을 만든 후, 재료를 적게 사용하면서도 긴 시간동안 저장할 수 있는 빵을 만들 수 있었습니다. 초기에는 이러한 긴 빵을 잘라서 또는 무게를 달아서 팔기도 하였지요. 이러한 이유로, 바게트는 빵 제작자들이 이전에 만들었던 빵에 비해 생산성이 높고 경제적이었습니다.

둘째, 바게트는 소비자들에게 새로운 맛을 제공해주었습니다. 이전에는 대부분 흰 빵이었던 반면, 바게트는 표면이 바삭하고 속이 부드러운 빵으로, 고품질의 밀가루와 빵 굽는 기술의 발전으로 만들어졌습니다. 이러한 새로운 맛에 대한 관심이 높아지면서, 바게트는 빵 시장에서 큰 인기를 얻게 되었습니다.

셋째, 바게트는 프랑스의 농촌 지역에서 비롯된 것으로 추측됩니다. 19세기에는 농촌 지역에서 매일 빵을 굽는 것이 일상이었는데, 그러한 상황에서는 긴 막대 모양으로 반죽을 만들어서 오븐에서 구워도 잘 익지 않을 수 있었습니다. 이에 대해 농촌 지역에서는 바게트와 같은 길쭉한 모양의 빵을 만들어서, 더욱 효율적으로 빵을 굽고 저장할 수 있었답니다.

이러한 이유로, 바게트는 19세기 프랑스의 생산성과 경제성을 고려한 빵의 혁신적인 발전으로 등장하게 되었다는 이야기입니다.

세번째, 프랑스 혁명과 바게트의 보급

'레미제라블'을 통해서도 우리에게 잘 알려진 1789년 프랑스 대혁명은 프랑스 국민들이 자유와 평등을 추구하며 일어난 정치적, 사회적 변혁 운동으로서, 이후 10년 이상에 걸쳐 유럽 전역에 영향을 미치게 되었습니다.

대혁명은 이전의 제도와 체제를 완전히 바꾸어 버리고, 새로운 인권 선언을 내리는 등 막대한 사회적 변화를 가져왔습니다. 이와 함께 대혁명은 빵 규제제도를 폐지하게 되는 계기가 되었습니다.

대혁명 전의 프랑스에서는 빵 규제가 엄격하게 시행되고 있었습니다. 빵의 크기와 가격, 생산량 등이 규제되어 있었고, 이로 인해 대중들은 맛이나 질보다는 빵의 양을 중시하게 되었습니다. 그 결과 빵 규제는 빵 생산을 방해하고, 국민들의 불만을 쌓이게 만들었습니다.

대혁명의 시작과 함께 프랑스에서는 빵 규제제도가 폐지되기 시작했습니다. 1793년 프랑스 국회는 "자유롭게 빵을 만들 수 있다"는 법률을 통과시켜 빵 규제제도를 폐지했습니다. 이 법률은 빵 규제를 전면적으로 철폐하며, 빵 생산과 판매에 대한 자유를 보장하게 됩니다.

이러한 변화는 바게트의 생산과 판매 방식에도 큰 변화를 가져왔습니다. 대혁명 이후, 프랑스 국민들은 더욱 많은 양의 빵을 구매하게 되었고, 이에 따라 빵 생산업체들은 더욱 많은 양의 빵을 생산하게 되었습니다. 이에 따라 길쭉한 모양인 바게트는 한정된 오븐의 공간을 효율적으로 활용할 수 있는 제품이었기에 더욱 일반화되어 프랑스 전역에서 사랑받게 되었습니다.

이처럼 대혁명은 프랑스 빵 규제제도를 폐지하며 빵 생산과 판매에 대한 자유를 보장하게 해 바게트의 생산과 판매에 큰 기여를 했습니다.

네번째, 바게트를 만든 것은 나폴레옹

우리도 잘 알고 있는 나폴레옹은 19세기 초반 프랑스의 장군 이자 황제였습니다. 그의 시대는 유럽 전역에서 전쟁과 혼란이 일어나는 시기였습니다. 그리고 그는 여러 차례의 군사적 대결과 정치적 혼란의 시기를 겪으며-논쟁의 여부는 있습니다만-프랑스 역사상 가장 위대한 인물 중 하나로 평가되고 있기도 합니다.

나폴레옹은 자신의 군대가 긴 여행을 할 때, 특히 전쟁이 일어날 때마다 간단하게 먹을 수 있는 빵이 필요하게 되었습니다. 그리고 그는 이를 위해 바게트를 만들기 시작했다는 이야기가 있지요. 바게트는 긴 형태로 구부러지지 않게 구워 지기 때문에, 나폴레옹의 군대에서는 가방 또는 소매에 넣어서 휴대하기에도 편리했다고 합니다. 그리고 길쭉한 모양이라 먹을 만큼

칼로 자르기에도 쉬워 병사들이 선호하였지요.

이러한 이유로 나폴레옹이 바게트를 만들었다는 이야기는 프랑스의 전설 중 하나로 자리 잡았습니다. 하지만 역사적인 증거가 부족하기 때문에 이 이야기가 사실인지 아니면 단지 전설일 뿐인지는 분명하지는 않습니다.

다섯째, 그 외의 전래되는 이야기들

바게트라는 이름은 프랑스어로 막대기라는 뜻의 'baguette'입니다. 이에 바게트의 이름에 대한 다양한 설화들이 있습니다.

그 중 하나는 1920년대 프랑스에서 발표된 'La Baguette'라는 신문 기사에서 나온 이야기입니다. 이 기사는 파리의 한 교회에서 바게트 모양의 팔 굽이를 한 성상이 보이며 축복하는 것을 본 기자가 이 빵이 강한 믿음과 문화적 의미를 지니고 있다는 것을 알리는 기사였습니다. 이후 이 기사가 유행되면서 바게트는 프랑스에서 특별한 빵으로 자리 잡게 되었습니다.

또 다른 이야기는 18세기 프랑스 군대가 남쪽 지방으로 향할 때 수송용으로 사용했던 긴 막대기 모양의 빵이 바게트의 기원이 되었다는 것입니다. 군인들은 이 빵을 손에 들고 걷는 모습

이 마치 검을 들고 행진하는 군인처럼 보여서 '군인의 빵'이라고 불렸고, 이후 이 빵은 바게트로 발전하게 되었습니다.

또한 바게트의 이름은 그 형태 때문이라는 이야기도 있습니다. 바게트는 길쭉하고 날렵한 형태로, 빵집에서는 사실상 어떤 재료도 넣지 않은 빵이었습니다. 이런 형태 때문에 'baguette'라는 이름이 붙게 되었다는 설이 있습니다.

이처럼 바게트에 대해서는 다양한 이야기가 전해져 내려오지만 흥미로운 것은 오늘날 바게트라 이름 붙여진 그 빵이 역사가 백여 년 밖에 안되었다는 것입니다. 워낙 유명한 빵이라 몇백 년은 된 줄 알았죠? 하긴, 길게 만든 빵이 다 바게트라 불리는 것이라면 밑도 끝도 없는 시간의 흐름속을 거슬러 올라가봐야 하겠네요. 고대 로마에도 긴 빵은 있었다고 하니까요.

02
초승달 모양의 빵, 크루와상

잘 만들어진 크루와상을 한입 머금으면 겉은 바삭하고 속은 미소가 지어질 정도로 촉촉한 그 맛에 이내 곧 행복해집니다. 입안 가득 퍼지는 버터향은 기분 좋은 사치일지도 모른다는 뿌듯함을 선사하지요.

이 마법 같은 크루와상도 참 사연이 많은 녀석입니다. 이름부터가 심상치 않잖아요? 맛있는 크루와상을 먹을 땐 샌드위치로, 앙버터로, 아니면 크림을 채워서 먹고 싶다는 생각으로 가득하겠지만 그래도 이 아이를 만든 셰프에게 잠시 경의를 표하며 페스트리의 대장, 크루와상이 어디서 시작되었는지 알아볼까요?

첫번째, 아라비아인이 만들고 프랑스인이 따라하다.

프랑스의 전설에 따르면, 크루와상의 기원은 아주 오래 전 아라비아인이 만든 빵에서 비롯된 것으로 전해집니다.

1683년 빈 포위 전투(Battle of Vienna) 이전, 오스만 제국이 유럽의 문턱까지 다가왔습니다. 그때, 제빵사였던 폴 클레멘트(Paul Clement)는 신성 로마 황제 레오폴드 1세(Leopold I, Holy Roman Emperor)를 위해 대량의 빵을 구울 필요가 있었습니다.

하지만 클레멘트는 더 이상 재료가 부족해 더 이상 빵을 구울 수 없었을 때, 그의 아들이 아랍사람이 만든 빵을 가리키며 말했습니다. "비록 우리가 개발한 빵은 아니지만, 만들어낼 수만 있다면 다른 모든 사람들에게도 이 빵을 제공할 수 있지 않을까요?" 클레멘트는 그 아들의 제안을 받아들였고, 아랍 사람이 만든 반달 모양의 빵을 조금 바꿔서, 프랑스 빵 모양으로 변형시킨 크루와상을 만들었다고 합니다.

결국, 클레멘트는 그의 크루와상을 맛보고 매우 만족스러워했고, 그것은 비록 오리지널 아랍 빵과는 조금 다르지만, 이후 프랑스인들에게 크루와상이라는 이름으로 알려지게 되었습니다. 이 전설은 오늘날까지 전해져 오지만, 프랑스인들은 그들이 아랍인들로부터 크루와상의 제조법을 배웠다는 것을 인정하지 않으려 하지요.

두번째, 반달 모양의 빵이 로마에서 만들어졌다는 이야기

로마 제국은 크루와상의 기원을 설명하는 다른 이야기 중 하나입니다. 로마 제국이 전성기를 이루었을 때, 그들은 많은 지역의 식생활을 연구하고 기록했습니다. 그러한 연구 중에는 식물의 다양함, 특히 곡물에 대한 연구도 포함되어 있었습니다. 그 결과, 로마 제국은 고대 시대의 빵 제조 기술에 큰 발전을 이루게 되었습니다.

전통적인 로마식 빵은 단조롭고, 크기와 모양도 모두 동일했습니다. 그러나 로마 제국이 발전함에 따라, 로마인들은 더욱 다양한 모양과 크기의 빵을 만들기 시작했습니다. 반달 모양의 빵은 그 중 하나였습니다. 반달 모양의 빵은 여러 빵들과 함께 로마 제국이 해외로 진출함에 따라 다른 지역으로 전파되기 시작했습니다. 그 중 하나가 현재의 프랑스 지역이었습니다. 프랑스인들은 이 반달 모양의 빵을 좋아하게 되었고, 이것이 크루와상의 기원을 설명하는 다른 이야기 중 하나가 되었답니다.

하지만, 이 전설은 정확하지 않을 가능성이 높습니다. 로마인들이 반달 모양의 빵을 만들었는지 여부는 밝혀지지 않았기 때문이랍니다. 그러나 이 전설은 고대 로마 제국의 빵 제조 기술 발전과 그들의 빵이 미친 영향력을 고려해볼 때 전혀 무시할 만한 것은 아닙니다.

세번째, 12세기 십자군 전쟁 때 탄생되었다는 이야기

크루와상은 프랑스에서 시작된 디저트 중 하나로, 현재는 세계적으로 인기 있는 빵인 것은 확실합니다. 크루와상의 유래를 이야기할 때 가장 많이 거론되는 이야기 중 하나인 십자군 전쟁 때 탄생되었다는 이야기 입니다. 이에 대한 이야기를 살펴보면 다음과 같습니다.

크루와상이 탄생된 이야기는 12세기의 십자군 전쟁때로 거슬러 올라갑니다. 이때 프랑스 군대는 비정상적인 날씨와 토양으로 인해 식량 부족에 시달렸습니다. 그러나 어느 날 밤, 군대에게 빵을 구울 수 있는 재료들이 제공되었습니다. 그 중 하나가 밀가루였지요.

하지만, 밀가루만으로는 빵을 구울 수 없기 때문에 군대는 발명가로 유명한 이집트 사람들에게 자신들이 가진 밀가루를 이용해 빵을 만들 수 있는 방법을 물어봤습니다. 그 결과, 이집트 사람들은 밀가루와 버터를 섞어 반죽을 만들고, 이를 여러 겹 쌓아서 구운 빵을 만들었습니다. 이것이 크루와상이 탄생한 이야기라는 설입니다.

네번째, 오스만 제국의 침공 때 만들어졌다는 이야기

1683년 오스만 제국의 비엔나 포위는 큰 전투의 일부였으며, 이는 오스만 제국이 동유럽과 중앙유럽으로 영향력을 확장하려던 시도였습니다. 오스만 제국은 당시 비엔나와 그 주변 지역을 포위하고 공격했습니다. 비엔나는 합스부르크 왕조의 수도였고, 이 왕조는 오스트리아와 스페인, 그리고 다른 유럽 국가들을 지배하고 있었습니다.

전설에 따르면, 오스만 제국 군대가 도시를 공격하기 위해 도시 벽 아래 도랑을 파는 동안, 어느 비엔나의 제빵사가 이 소리를 듣게 되었다고 합니다. 이 제빵사가 이 소리를 듣고 도시내의 사람들에게 경고를 하여 오스만 제국의 침공을 막을 수 있었다고 전해집니다.

비엔나가 이 전투에서 승리한 뒤, 이를 기리기 위해 반달 모양의 빵이 만들어졌다고 합니다. 이는 오스만 제국의 상징이었던 반달 문양을 모방한 것으로, 이겨낸 적에 대한 승리의 상징인 셈입니다. 하지만 이러한 전설에 대한 역사적 근거는 명확하지 않고, 비엔나의 빵 문화와 전통에서 기인한 것이 아닐까 하는 의견도 있습니다.

하지만 실제로 크루와상이 등장한 것은 19세기 프랑스인 것

이 연구가들 사이에서 가장 유력한 이야기이기도 합니다. 1839 년 오스트리아 출신이자, 비에누아즈리의 아버지라 불리는 아우구스트 장(August Zhang)이 개업한 베이커리에서 처음 시작했다는 것이지요.

그렇지만, 크루와상이 십자군 전쟁 때 탄생되었다는 이야기는 여전히 매력적인 이야기이며, 이는 크루와상이 군인들이나 여행객들에게 좋은 식사 대안이 될 수 있는 빵으로서 중요성을 가지게 된 배경을 상기시켜주는 이야기이기도 합니다. 모양도 이름도 신비스러운 크루와상 만큼 사람들이 탄생비화에 대해 흥미로워하는 빵도 드물테니까요.

03
기도하는 손, 프레첼

독일 사람들은 프레첼을 참 좋아합니다. 소금이 뿌려진 프레첼을 먹다 보면 나도 모르게 맥주에 손이 가기도 하지요. 달콤한 크림치즈가 들어간 따뜻한 프레첼도 정말 별미입니다. 반면 미국사람들은 초콜릿, 캔디 등 뭔가 잔뜩 묻혀 먹기도 합니다.

프레첼을 바라보면 뭔가 수줍은 하트 모양 같기도 해서 누군가에게 큼지막한 프레첼을 권할 땐 살짝 입술 끝이 올라가기도 하지요. 자, 이런 사랑스럽고도 매력적인 프레첼은 과연 어디에서 우리에게 찾아온 것일까요?

첫번째, 독일 수도원에서 만들어진 빵

19세기 말 독일의 문화사학자인 알프레트 레케(Alfred Recke)와 칼 라이너(Carl Rainer)의 책에서는 프레첼이 610년경 수도사인 존에 의해 처음으로 만들어졌다는 이야기가 소개되었습니다. 이 이야기는 실제로 프레첼의 유래와 관련하여 가장 널리 알려진 이야기입니다.

이 설화에 따르면, 수도사인 존은 교육 프로그램에서 아이들에게 빵 굽기를 가르치기 위해 프레첼을 만들었다는 것입니다. 그는 두 손을 교차시켜 끈으로 묶은 모양으로 반죽을 구부려 만들었다고 합니다. 그리고 이 모양은 이후 프레첼의 고유한 모양으로 유지되었습니다.

하지만 이야기에서는 기도하는 아이들을 위해 프레첼을 만들었다는 이야기도 있습니다. 중간에 교차된 모양이 꼭 기도하는 손모양이라는 이야기이지요. 하지만 이 모든 설화들은 프레첼이 매우 오래된 빵이라는 것을 보여주는 것은 맞습니다.

두번째, 로마시대에서 기원 되었다는 이야기

로마 제국 시대의 프레첼에 대한 이야기는 많은 가설들과 함께 논란이 있지만, 일부 학자들은 로마의 농민들이 작물 수확을 축하하기 위해 만든 반달 모양의 빵이 프레첼의 원형이 되었다고 주장하고 있습니다.

이 반달 모양의 빵은 로마의 태양 신인 솔루스와 관련이 있을 것으로 추정됩니다. 로마 제국 시대에는 태양이 삶의 중심이었고, 솔루스는 태양의 신으로써 광명과 풍요를 상징했습니다. 반달 모양의 빵이 태양을 상징하는 것은 이러한 문화적인 배경에 기인한 것으로 보입니다.

로마가 참 넓은 곳을 통치하였고 문화가 발달하였기에 모든 길은 로마로 통한다는 말처럼 상당히 많은 빵의 기원도 로마에서 시작이 되곤 합니다. 그래도 오늘날 많은 사람들은 프레첼에 대해 이야기할 때 수도원에서 시작된 기도하는 손모양의 빵이라고 더 많이들 믿는 것 같습니다.

사실 역사라는 유기적 흐름을 들여다볼 때 모든 것들이 다 연관이 되어있음을 되짚어 본다면 프레첼이 로마에서 유래가 되었다는 것을 마냥 부정하지는 못하는 것이겠네요.

04
축제의 상징, 케이크

축하하는 자리면 어디에나 빠지지 않는 제과계의 감초, 케이크는 보기만해도 설렙니다. 어쩜 그렇게 맛도 모양도 다 다른 제품이 '케이크'라는 이름으로 묶일 수 있는지 모르겠지만 그럼에도 불구하고 누구나 케이크라는 말을 들으면 달콤하고 폭신하고 예쁜 무언가를 떠올립니다.

퇴근길에 케이크상자를 손에 달랑달랑 들고가는 누군가의 뒷모습을 보면 머지않아 있을 그분의 작은 행복에 나도 모르게 응원하게 되는 마법의 아이템, 케이크.

그러고 보니 촛불 끄는 사람의 생일과 삶에 대한 이야기만 들었지 앞에 놓인 케이크는 어떻게 탄생한 것일까요?

첫번째, 로마에서 시작되었다는 이야기

고대 로마 시대의 빵 문화는 유럽 전역의 빵과 디저트 문화를 형성하는 중요한 역할을 했습니다. 로마 제국 시대에는 "placenta"라는 과자가 있었는데, 이 과자는 현재의 케이크와 유사한 모양이었습니다. 그러나 이 과자는 현재의 케이크와 달리 베이커리 크림이나 딸기 잼 같은 속을 가지고 있지 않았습니다.

로마 시대에는 결혼식이나 생일 축하 등 다양한 기념일에서 빵이 사용되었습니다. 로마 제국은 영토를 확장하면서, 다양한 지역에서 빵과 디저트의 문화가 섞이면서 새로운 디저트가 탄생하기 시작했습니다. 이러한 문화는 중세 시대에는 더욱 발전해 다양한 종류의 빵과 디저트가 만들어지게 되었고 케이크의 유래도 이렇게 탄생되었다는 이야기입니다.

두번째, 중세시대 교회 축제에서 비롯

중세 시대에는 교회 축제가 매우 중요한 사회적 이벤트였습니다. 특히 크리스마스와 같은 축제에서는 다양한 음식과 디저트가 제공되었는데, 그 중에서도 케이크와 유사한 디저트들이 인기를 끌었습니다.

이러한 디저트들은 종종 다양한 모양으로 만들어졌는데, 이는 그 시대의 예술과 문화를 반영한 것입니다. 예를 들어, 중세 시대의 유럽에서는 종종 교회 건축물의 모형을 모방한 디저트가 만들어졌습니다. 또한, 교회의 성직자들을 모방한 모양의 디저트도 많이 만들어졌습니다.

이러한 교회 축제와 관련된 디저트 문화는 유럽 전역으로 퍼지면서, 지역마다 다양한 종류의 디저트가 만들어지기 시작했습니다. 이후에는 다양한 기술적 발전과 함께 케이크와 유사한 디저트들이 발전하면서, 현재의 케이크와 유사한 형태로 변화하게 되었습니다.

세번째, 17세기 프랑스 궁중에서 유래

17세기 프랑스 궁중에서 시작된 케이크의 이야기는 현대의 케이크와 가장 유사한 형태의 디저트를 만든 요리사들의 노력으로 시작됩니다. 당시 프랑스 궁중은 유럽의 중심지로, 다양한 문화와 요리가 모여 있는 곳이었습니다. 역사 속 언제나 궁중

내부에는 수많은 요리사들이 일하는 곳이지요. 이들은 프랑스 궁중 내부에서 다양한 요리와 디저트를 만들어 제공하며, 이들이 만든 디저트 중 하나가 케이크였습니다.

17세기 당시의 케이크는 현대의 케이크와는 조금 다른 형태를 가지고 있었습니다. 당시의 케이크는 둥근 모양이 아니라, 사각형 또는 원형 등 다양한 모양을 가지고 있었으며, 많은 경우 케이크 자체보다는 케이크 위에 올려진 다양한 장식과 과일 등이 더욱 중요한 역할을 했습니다.

프랑스 궁중에서 만들어진 케이크는 유럽 전역에서 큰 인기를 끌었습니다. 특히, 궁중 요리사들이 만든 케이크는 굉장히 풍부하고 진한 맛을 가지고 있었으며, 많은 사람들의 입맛을 사로잡았습니다. 이후로도 프랑스에서는 다양한 종류의 케이크가 만들어지며, 이들이 유럽 전역으로 퍼져 인기를 끌게 되었습니다. 이러한 역사적 배경이 케이크가 현재까지도 인기 있는 디저트로 자리 잡을 수 있게 된 큰 원동력이 되었습니다.

예로부터 사람들은 달콤한 디저트를 좋아했습니다. 설탕에 절이든, 설탕을 넣어서 굽든. 사실 가장 일반적으로 떠올리는 제누아즈에 생크림을 바른 것만이 케이크라 불리지는 않는 것을 보면 무엇이 케이크이고 케이크가 아닌가에 대한 구분은 상당히 어려운 것 같습니다-심지어는 설탕에 절인 과일을 쌓아 두고 케이크로 여기는 분들도 있으니까요-. 심지어 로마제국에서 팬케이크를 달걀흰자로 만들어 먹었다는 문헌을 보면, 되물어야 하겠군요. 팬케이크랑 케이크랑 연관을 지을 수 있을까라고요. 이것 참 유래를 알려고 하기도 전에 넘어야 할 벽이 많네요.

05
마리 앙투와네트, 브리오슈

마리 앙투아네트에 대한 재평가가 이루어지는 시대입니다만, 늘 함께 떠오르는 말이 있습니다. '빵이 없으면 케이크를 먹어라.'

"그럼 그들에게 브리오슈를 먹으라고 하세요."에서 와전된 이 말은 사실 브리오슈에 달걀, 버터, 우유가 듬뿍 들어가 만들기 때문에 영문 번역상에서 오류가 있었던 것으로 보입니다.

겉은 갈색이요 속은 노란색인 이 빵은 참 다양하게 활용되는, 제빵사들이 참 좋아하는 반죽중의 하나입니다. 그대로의 브리오슈, 핫도그 번, 시나몬 롤, 바브카, 식빵 등 만 가지 변신이 가능한 녀석이거든요.

저자가 오뚜기 모양의 정통 브리오슈를 만들 때 머리부분이 떨어져 나간 것을 본 프랑스인 교수님의 말씀이 생각나네요. "마치 마리 앙투아네트 같군!" 아주 짓궂은 이 농담이 브리오슈를 즐기려는 순간마다 떠올라 씁쓸하답니다.

첫번째, 이탈리아에서 유래된 이야기

로마냐 지방의 브리오슈는 이탈리아 북동부 지역에서 가장 유명한 디저트입니다. 이 지역에서는 브리오슈를 "Pandoro di Verona"라고 부르며, 크리스마스와 같은 축제나 기념일에 자주 먹습니다. 이 빵은 밀가루, 설탕, 버터, 계란 등을 사용하여 만들어지며, 약간의 발효제를 사용하여 부드럽고 공기가 많이 들어간 거품 모양의 내상을 만들어냅니다.

하지만 브리오슈가 로마냐 지방에서 탄생했다는 주장은 확실하지 않습니다. 다른 이야기에 따르면, 브리오슈는 이탈리아 남부 지방인 나폴리에서 시작되었다는 것입니다. 이 지역에서는 브리오슈를 "Babà"라고 부르며, 빵을 우유와 함께 적셔서 먹는 것이 일반적입니다.

또는 6세기 이탈리아의 농부들이 추수 기념일을 맞이해 만든 특별한 빵으로부터 시작된다는 주장도 있습니다. 이 빵은 말린 과일, 레몬 껍질, 오렌지 꽃물 등 다양한 재료를 섞어 만들어졌으며, 지금의 브리오슈와 매우 유사한 모양과 맛을 가지고 있었습니다. 이러한 브리오슈는 이탈리아에서 매우 인기 있는 디저트 중 하나로 자리 잡았으며, 이후 유럽 전역으로 퍼져 인기를 끌게 되었다고 합니다.

반면 15세기 이탈리아에서 시작된 이야기도 있습니다. 당시 이탈리아에서는 결혼식에서 케이크 대신 브리오슈가 제공되는 경우가 많았습니다. 이는 브리오슈가 단순한 빵이 아니라 고급스러운 이미지를 갖춘 디저트로 인식되었기 때문입니다. 또 이 시기에는 이탈리아의 대표적인 궁중 요리사인 마르토(Marto)가 브리오슈에 대한 새로운 레시피를 개발했습니다. 그는 브리오슈에 수제 잼이나 크림, 생크림 등을 곁들여 만드는 방법을 고안했는데, 이는 브리오슈를 더욱 고급스럽고 맛있게 만들어주었습니다.

이로 인해 이탈리아의 요리사들은 브리오슈를 다양한 모양으로 만들기도 했습니다. 예를 들어, 꽃 모양이나 달 모양 등 다양한 모양으로 만들어졌는데, 이는 브리오슈가 결혼식을 비롯한 특별한 행사에서 제공될 때 더욱 멋지게 보이게 하기 위한 것이었습니다. 이러한 브리오슈의 모양은 이후 유럽 전역으로 퍼져 나가며, 다양한 모양의 브리오슈가 만들어지게 되었습니다.

두번째, 마리 앙투와네트가 프랑스에 전파

마리 앙투와네트는 오스트리아 출신으로, 1770년에 루이 16세와 결혼하면서 프랑스 여왕이 되었습니다. 마리 앙투와네트는 그녀의 품격 있는 취향으로 유명했으며, 특히 디저트와 과자를 좋아했습니다. 그녀는 궁중 제빵사들에게 매우 까다로웠으며, 자신의 취향에 맞는 디저트를 만들어 달라는 요구를 종종 했습니다. 이때 제빵사들이 만든 디저트 중 하나가 바로 브리오슈였습니다. 마리 앙투와네트는 궁중에서 브리오슈를 자주 먹었고, 이후 브리오슈가 프랑스에서 매우 유명해지는 계기가 되었습니다. 그녀의 취향을 따라 프랑스 궁중에서 브리오슈가 많이 만들어졌고, 이후 프랑스에서는 궁중에서 시작된 다양한 디저트들이 생겨나기 시작했습니다.

마리 앙투와네트의 브리오슈에 관한 이야기는 두가지가 전해집니다. 먼저 마리 앙투와네트는 오스트리아 출신이었으며, 그녀가 프랑스 궁중에 입성했을 때 브리오슈를 처음으로 만나게 되었습니다. 문화와 요리에 관심이 많았으며 프랑스 궁중에서 자신의 힘과 영향력을 발휘할 수 있었던 마리 앙투와네트는 궁중 제빵사들과 함께 브리오슈 레시피를 개선하고 발전시키는데 많은 노력을 기울였습니다.

그 결과, 마리 앙투와네트가 소개한 새로운 브리오슈 레시피는 프랑스 궁중에서 큰 인기를 얻었고, 이후 프랑스 전역으로 퍼져 나가게 되었습니다. 이 덕분에 브리오슈는 프랑스 요리와 제빵 분야에서 매우 중요한 역할을 하게 되었습니다.

물론, 마리 앙투와네트가 브리오슈를 처음으로 프랑스에 소개했다는 이야기는 사실과 다소 멀리 떨어져 있을 수 있습니다.

그러나 그녀의 역할은 브리오슈를 프랑스 요리의 대표적인 디저트로 만들어냈다는 점에서 중요한 역할을 했다는 것만은 확실합니다.

다른 하나의 이야기는 마리 앙투와네트가 오스트리아에서 프랑스로 입성할 때 함께 가져온 오스트리아식 디저트 중 하나가 브리오슈였기 때문이라는 것입니다. 마리 앙투와네트는 프랑스 궁중에 브리오슈를 소개하고, 이를 인기 있는 디저트로 만들어냈다고도 합니다.

브리오슈가 어디에서 어떻게 시작되었는지는 다양한 이야기들이 있지만 언제나 우리에게 들리는 이야기의 한가운데는 마리 앙투와네트가 있습니다. 최근에는 마리 앙투와네트가 '악녀'가 아닌 사실은 '선녀'였다는 주장이 나오고 있는 것을 보게 됩니다.

이는 아마도 당시 제분도 제대로 안 된 빵조차 귀해서 굶주렸던 프랑스 국민들이 사치스러운 브리오슈를 마리 앙투와네트와 연관지은건 아닐까 하는 생각도 조심스레 해보게 되네요. 확실한 건 그 당시에 브리오슈가 어떠한 계기로든 널리 알려졌기에 위의 이야기들이 시작된 것이라는 사실이겠죠.

06
굳은 빵도 다시한번, 토스트

살짝 눌러 놓고 철컥 소리와 함께 튀어 오르는 토스트를 꺼내면 노릇하게 구워진 표면에 사라진 바삭 함이 되살아나는 기쁨을 느끼게 됩니다. 잘 만들어진 빵이라면 잼 없이 그냥 먹어도 맛있지만 결국 잼이 없으면 뭔가 서운한 느낌이 드는 토스트지요.

남들보다 일찍 시작했던 그 새벽, 길거리에서 파는 아주머니의 손맛이 깃든 토스트 역시 한 번쯤 먹어봤던 순간을 간직하게 만드는 추억이기도 합니다.

그러고보니 토스트하면 식빵만을 떠올리게 되네요. 사실 토스트란 말이 구운 식빵의 대명사긴 하지만 그 뜻은 단지 구웠다는 뜻이잖아요? 토스터기 없이는 엄두도 안나는 토스트. 과연 옛날엔 어떻게 먹었을까요?

첫번째, 로마 제국에서 유래

로마 제국 시대에는 빵이 주식이나 금 같은 가치를 지닌 소중한 식품 중 하나였습니다. 빵은 구워서 보존하는 것이 일반적이었으며, 구운 빵을 오랫동안 보존하기 위해 물에 담가 놓는 방식이 사용되었습니다.

그러나 로마인들은 단조로운 빵 맛에 질렸기 때문에, 새로운 방식으로 빵을 즐기기 시작했습니다. 이후 빵을 뜨거운 기름 위에 올려 굽는 방식이 생겨났습니다. 이 방식으로 굽은 빵은 바삭하고 고소한 맛이 나며, 빵이 오래 보존되는 장점이 있었습니다.

로마 시대에는 이러한 바삭한 빵을 "panis tostus" 또는 "tostum"이라고 불렀습니다. 이들은 간단한 음식으로 사용되기도 했으며, 주로 술과 함께 먹었습니다. 로마의 시인 마르쿠스 발레리우스 마르티안무스는 자신이 쓴 시에 "tostus panis"를 언급하기도 했습니다.

두번째, 19세가 영국에서 탄생

19세기 영국에서 토스트가 생겨난 이야기는 다양한 버전이 있지만, 대체로 비슷한 내용을 담고 있습니다. 이 시기에는 빵이 비싸고 낭비되기 쉬워서, 남은 빵을 재활용하고자 하는 시도가 있었습니다. 이를 위해 토스터(Toaster)라는 기계가 개발되었습니다.

토스터는 빵을 내부의 격자 또는 홈에 넣고, 전기나 가스를 이용해 빵을 굽는 기계입니다. 이를 통해 빵을 뜨거운 온도로 구워 바삭하게 만들 수 있었고, 이후 이 과정에서 토스트라는 단어가 생겨났습니다. 이후 토스트는 영국뿐만 아니라 전 세계적으로 인기 있는 아침 식사 메뉴 중 하나로 자리 잡았습니다.

하지만, 이 이야기가 토스트의 정확한 기원인지에 대해서는 여전히 논란이 있습니다. 일부 사람들은 이야기가 사실이 아니라고 주장하며, 토스터의 등장과 토스트의 기원이 서로 무관하다고 말합니다. 또한, 이전에 언급한 로마 제국 시대에서의 토스팅 과정과의 연관성도 논란이 있습니다.

하지만, 토스터의 등장은 토스트가 보편화되는 계기가 되었습니다. 이후 20세기 중반부터는 토스트에 양한 재료를 올려 먹는 문화가 생기면서, 토스트는 아침 식사 뿐만 아니라 간식으로도 많이 즐겨지게 되었습니다.

세번째, 20세기 미국에서 유래

20세기 초반 미국에서는 산업화가 진행되면서 빵의 대량 생산이 이루어졌습니다. 이에 따라, 빵을 빠르게 구워 먹을 수 있는 기계인 토스터가 개발되어 널리 사용되었습니다. 토스터를 사용하면 빵을 간편하게 구울 수 있으며, 특히 아침 식사로 인기를 끌게 되었습니다. 이러한 토스터를 통해 토스트가 보편화되면서, 토스트는 미국을 비롯한 세계 여러 지역에서 인기 있는 식사로 자리 잡게 되었습니다.

특히, 1920년대에는 미국에서 "토스트 브레드"(Toast bread)라는 새로운 빵 종류가 등장하게 되었습니다. 이전까지의 빵은 재료를 섞어 만들어진 다양한 종류의 빵이 대부분이었는데, 토스트 브레드는 단순한 재료들로 만들어진 빵으로, 토스트로 먹기에 적합했습니다. 또한, 토스트 브레드는 패키지에 담겨 판매되기 때문에, 소비자들이 더욱 편리하게 구입하고 먹을 수 있게 되었습니다.

그리고 1930년대에는 토스트에 버터와 잼을 발라 먹는 것이 인기를 끌게 되었습니다. 이후 다양한 토스트 메뉴들이 등장하게 되었는데, 예를 들어 "프렌치 토스트"(French toast)는 빵을 달걀과 우유에 담근 후 구워서 먹는 메뉴이며, "크림 치즈 토스트"(Cream cheese toast)는 크림 치즈와 잼을 발라 먹는 메뉴입니다.

이러한 방식으로 토스트는 미국을 비롯한 세계 여러 지역에서 인기 있는 식사로 자리 잡았으며, 현재까지도 다양한 버전의 토스트가 만들어지고 있습니다.

호텔 뷔페에는 뜨거운 롤러 위에 빵을 올려 놓고 잠시 기다리면 그럴싸하게 토스팅 되어 나오는 빵을 즐길 수 있는 경우가 있습니다. 이때 바게트, 통밀빵 등 호텔에서 준비한 다양한 빵을 구워 먹을 수 있지요.

아침에 지각해서 뛰쳐나가는 아이의 입에 물려 보낼 때 있어서 다행인 토스트는 대부분 식빵이지만, 사실 옛날부터 빵을 어떻게든 구워서 먹을 수 있었다면 그게 기원이라고 보는 것이 맞을 것 같긴 합니다. 어느 분야에서나 기술은 인간의 편의를 위해 발전해 왔고, 이에 토스트를 더 손쉽게 먹기 위한 토스터기가 토스트의 유래라는 존엄한 위치에 서있기에는 다소 갸우뚱한 점이 있긴 하네요.

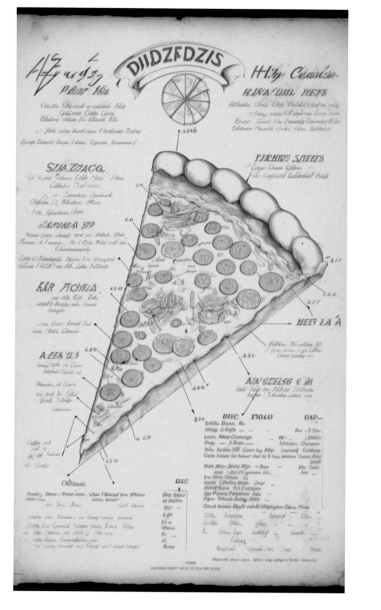

07
만드는 건 자유, 피자

저는 파인애플 피자를 참 좋아합니다-이글을 읽는 이탈리안 분들에게 미움을 받겠군요-. 처음 파인애플 피자를 먹고는 너무 맛있어서 깜짝 놀랐지요. 통조림 피자가 올라간 것임에도 불구하고 말이지요.

요즘 우리나라의 피자 메뉴를 보면 정말 다양합니다. 모든 창작자들의 노고에 찬사를 보냅니다. 오히려 원조인 이탈리아나 다른 한편으로 대명사를 지닌 미국보다도 더 다양한 메뉴가 있는 것 같아요. 재미있게도 요즘 아이들은 가르쳐주지 않아도 피자를 좋아하는 것을 보면 참 신기합니다. 저는 어렸을 때 피자를 먹으며 낯선 맛에 힘들어했거든요.

납작한 빵에 무엇이든 올리면 피자라 불러도 되는 듯한 이 제품의 유래가 오늘날의 놀라울 정도로 다양함 속에 묻혀버려 새삼 궁금하지도 않은 채 살아왔지만, 한번 들여다볼까요? 그래도 어디선가 누군가는 처음 이런 것을 만들지 않았을까요?

첫번째, 이탈리아에서 유래

　피자는 이탈리아의 대표적인 음식 중 하나로, 특히 이탈리아 남부의 도시인 나폴리에서 시작되었습니다. 피자는 밀가루 반죽에 토마토 소스와 치즈를 올려 구워낸 음식으로, 전 세계에서 사랑받는 대표적인 이탈리안 음식입니다. 이제는 어디서든 쉽게 만나볼 수 있는 피자이지만, 그 기원과 역사에는 다양한 이야기들이 있습니다.

　나폴리에서는 18세기에 이미 여러 가지 종류의 피자가 만들어졌습니다. 당시 나폴리 주민들은 빵 굽는 공장에서 남은 반죽을 가져와 그 위에 토마토 소스나 치즈 등을 얹어서 구워먹기 시작했습니다. 이러한 피자는 단순한 음식이었지만, 비교적 저렴하게 만들어 먹을 수 있었기 때문에 서민들 사이에서 매우 인기를 끌었습니다.

　이후, 19세기에는 나폴리의 거리 모험가들이 피자를 만들어 판매하면서 이탈리아 전역으로 퍼지게 되었습니다. 이때 나폴리에서는 여러 가지 종류의 피자가 만들어졌는데, 그 중에서도 가장 유명한 것은 마르게리타 피자(Margherita pizza)입니다.

　마르게리타 피자는 1889년에 이탈리아 왕비 마르게리타의 요청으로 만들어진 것으로 알려져 있습니다. 당시 이탈리아는 아직 왕국이었는데, 마르게리타는 이탈리아 국기의 색상인 빨

강, 백색, 초록색을 닮은 피자를 먹고 싶어했습니다. 이에 대해 나폴리의 피자 제작사인 Raffaele Esposito는 토마토, 모짜렐라 치즈, 바질을 사용하여 피자를 만들었습니다.

이 피자는 마르게리타가 매우 좋아해서 "마르게리타 피자"로 불리게 되었습니다. 이후 이 피자는 이탈리아에서 널리 알려지게 되어, 이제는 이탈리아의 대표적인 음식 중 하나로 자리 잡고 있습니다. 또한, 이 피자는 세계 각지에서도 인기 있는 음식 중 하나로 자리 잡게 되었습니다.

두번째, 로마 제국에서 유래

로마에서의 피자의 기원에 대한 이야기는 확실하지 않습니다. 그러나 로마 시대에는 빵 위에 다양한 재료를 얹어 먹는 것이 일반적이었기 때문에, 이러한 방식으로 만들어진 음식이 바로 피자의 시초가 될 수 있습니다.

로마 시대에는 "focaccia"라는 납작한 빵에 다양한 재료를 얹어 먹는 것이 일반적이었습니다. 이러한 방식은 로마의 군인들이 사용하는 군용 양식으로 시작되었을 가능성 높습니다. 군인들은 휴대성이 좋은 음식을 필요로 했기 때문에, 빵 위에 다양한 재료를 얹어 먹는 방식이 발전하게 된 것입니다.

그러나 로마 시대에는 피자라는 용어가 사용되지 않았습니다. 피자라는 용어는 나폴리에서 생겨난 것으로 알려져 있습니다. 따라서, 로마에서의 피자는 나폴리의 피자와는 다른 스타일의 음식으로 생각할 수 있습니다.

하지만, 18세기 로마에 피자가 생겨나게 되었습니다. 이때 로마에서는 "pizza alla romana"라는 이름의 피자를 만들어냈습니다. 이 피자는 나폴리의 피자와는 다른 스타일이었으며, 빵에 다양한 재료를 얹은 것이 아니라, 빵을 스프레드한 소스와 치즈를 얹어 구워먹는 것이 특징이었습니다.

이러한 로마식 피자는 이후 다양한 변형을 거쳐 현재의 로마 피자로 이어졌습니다. 로마 피자는 얇고 바삭한 크러스트와 적당한 양의 소스, 치즈, 그리고 다양한 토핑으로 구성되어 있습니다. 대표적인 로마 피자로는 마르게리타, 카르보나라, 프로슈토 등이 있습니다.

세번째, 그 외의 이야기들

피자의 기원에 대한 이야기는 여러 가지가 있지만, 대부분의

학자들은 이탈리아 남부의 도시인 나폴리에서 피자가 시작되었다고 인정하고 있습니다. 하지만 그 이전에도 빵 위에 다양한 재료를 얹은 음식이 있었으며, 피자의 기원이 그리스나 이집트에서 시작된 것이 아닐까 하는 주장도 있습니다.

먼저, 이집트에서는 약 2,000년 전부터 빵 위에 양념을 얹은 음식이 있었습니다. 이 음식은 허브, 양파, 마늘, 올리브 오일 등을 사용하며, 피타 빵과 비슷한 빵 위에 양념을 올려 먹었습니다. 그리스에서도 고대 시대에 비슷한 음식이 있었으며, 이를 "포케리아(Pokery)"라고 불렀습니다. 이 음식은 피타 빵 위에 양념을 올려 먹는 것으로, 피자와 유사한 형태를 갖추고 있었습니다.

우리의 부침개를 외국인들에게 설명할 때 '코리안 피자'라고 말하는 사람들을 많이 보게 됩니다. 올바른 표현이라고 생각하지는 않습니다만, 듣는 입장에서는 쉽게 와닿는 말이겠지요. 어찌 되었든, '코리안 피자'인 부침개를 우리의 조상님들께서 언제부터 먹기 시작했는지를 알게 되면 우리도 피자의 유래에 숟가락을 얹을 수 있는 것 아닐까요?

ᗷLE FAESESCHLLLS S

Choraams

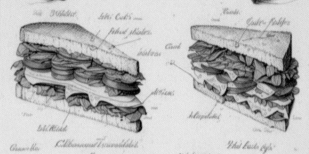

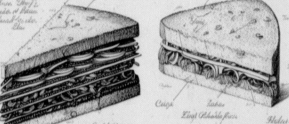

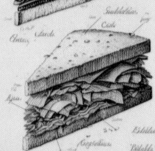

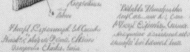

08
샌드위치 백작, 샌드위치

샌드위치 전문점인 서브웨이에 처음가면 혼돈 상태에 빠지게 된다고들 농담으로 이야기합니다. 빵 고르고 속 재료 고르고 소스 고르고... 뭐가 뭔 지도 모르는데 수많은 조합의 경우에 수 가운데 침 꼴깍 삼키고 군중속에 고독을 느낀 채 이것저것 버 벅거리며 읊어야 합니다.

한때 샌드위치 하면 푸석한 식빵, 채소, 체다치즈, 슬라이스 햄, 달걀이 전부인 시절이 있었습니다. 하지만 요즘엔 참 다양 한 식재료로 커스터마이즈 하지요. 샐러드와 더불어 웰빙 푸드 로 방향을 전환한듯도 합니다.

ChatGPT4에게 샌드위치가 뭐냐고 물어보니 두 장의 빵 사이 에 고기, 채소 등 어떠한 재료든간에 넣고 먹는데 베이글이나 랩 등도 포함된다고 하네요. 그냥 빵사이에 뭔가를 끼워 먹으 면 샌드위치라고 부릅시다.

첫번째, 존 몬태규 백작이 만든 음식

18세기 영국에서 시작된 샌드위치의 이야기는 존 몬태규 (John Montagu) 샌드위치(Sandwich)백작이 샌드위치를 발명했다는 이야기로 유명합니다.

뼈대 있는 영국 해군 가문에서 태어난 존 몬태규는 카드게임을 즐겨했고 좀 더 게임에 집중하기 위해 빠른 식사를 즐겼습니다. 때문에 빵과 고기, 야채를 함께 넣어 먹을 수 있는 음식이 필요했습니다. 이때 그는 빵 사이에 고기와 야채를 넣어 만든 음식을 먹기 시작했습니다.

이 방식은 매우 실용적이었기 때문에 곧 유명해지고 인기 있는 음식 중 하나로 자리 잡았습니다. 그의 이름을 따 샌드위치라고 불리었지요.

19세기에는 빵과 고기, 야채, 치즈 등 다양한 재료를 이용하여 다양한 종류의 샌드위치가 만들어졌으며, 이후 세계 각지에서 인기 있는 음식 중 하나가 되었습니다.

두번째, 중세 유럽에서 유래

중세 유럽에서 시작된 샌드위치 이야기에 대해서는 다양한 주장이 있지만, 대체로 식사를 할 때 빵을 이용하는 것은 일반적이었다는 것은 맞습니다. 당시에는 빵을 깎아서 고기나 야채를 올려서 먹는 방식이 일반적이었는데, 이러한 방식이 샌드위치의 시초가 되었다는 주장도 있습니다.

한편, 다른 이야기로는 중세 시대에 성전에서 싸우는 기사들이 전투 중에 빵과 고기를 합쳐 먹는 방식으로 식사를 했다는 이야기도 있습니다. 이러한 방식이 더욱 편리하고 빠르게 식사를 할 수 있게 해줬고, 이후 이러한 음식이 유럽 전역으로 퍼져 나가게 되었습니다.

존 몬태규가 샌드위치를 발명한 위의 이야기는 실제로 그가 카드게임 보다 스포츠를 즐겨했다는 사실이 알려지면서 샌드위치 기원에 대한 흥미로움은 낮아졌습니다. 하지만 정치가 시절 시간이 부족해 한손으로 샌드위치를 들고 먹으며 일을 했다고 하니 어찌되었건 샌드위치 백작에서 유래가 된 것이 기정사실기 되는 것 같아 보입니다.

한편으로는 오랜 역사가운데 빵사이에 무엇이든 간에 끼워 먹어본 사람이 과연 존 몬태규 이전에는 없을까 싶기도 한대,

결국엔 그것을 무엇이라 불렀고 누가 먼저 이슈화 했느냐 대한
문제인 것이겠죠.

09
작은 케이크, 쿠키

쿠키는 '작은 케이크'란 뜻의 koekje에서 유래된 말이라고 합니다. 특히나 요즘 쿠키들을 보면 아주 예쁘고 화려한 것이 정말 그렇긴 하다는 생각이 들곤 합니다. 더욱이 예쁜 유리병 가득 들어있는 쿠키를 보면 왜 그런지 하나쯤 뚜껑을 열고 꺼내 먹어보고 싶어집니다.

베이킹을 시작할 때 가장 먼저 만들어 보는 제품 중 하나가 바로 쿠키가 아닐까 합니다. 버터 쿠키부터 요즘 유행하는 르뱅 쿠키까지 종류도 베리에이션도 셀 수 없을 정도로 다양한 쿠키. 어느 나라에나 문화를 띄어 넘어 천연덕스럽게 존재하며 누구에게나 친근하게 존재하는 쿠키. 이 쿠키에게도 역사가 존재할까요?

첫번째, 아랍국가에서 유래

7세기에 아랍 지역에서 시작된 쿠키는 "쿠키"라는 용어를 사용하지는 않았지만, 과자와 유사한 음식으로서 이미 존재했습니다.

이 음식은 기름과 설탕, 각종 양념 등을 섞어 만든 반죽을 오븐에서 구워서 만들었습니다. 이렇게 만들어진 쿠키는 아랍 세계에서 매우 인기 있는 간식 중 하나였습니다. 이러한 아랍의 쿠키는 "카와(qahwa)" 라는 음료와 함께 제공되는 과자였습니다. 카와는 현대의 커피에 가까운 음료이며, 쿠키는 이 음료와 함께 고객들에게 제공되었습니다.

이러한 쿠키는 "굴라비야(gulabiya)" 또는 "그라이베(ghraybeh)"라는 이름으로 불렸습니다. "굴라비야"는 붉은색이라는 뜻이며, 설탕, 잣, 물, 로즈워터 등을 섞어 만들어진 둥근 모양의 쿠키입니다.

반면, "그라이베"는 "부드러운"이라는 뜻이며, 밀가루, 설탕, 버터, 잣가루 등으로 만들어진 쿠키입니다. 이러한 아랍 지역의 쿠키는 유럽으로 전파되면서 발전하게 되었습니다.

두번째, 중세 유럽의 튀긴 빵에서 유래

중세 유럽에서는 "튀긴 빵"이라는 음식이 있었습니다. 이 음식은 빵을 기름에 튀긴 것으로, 단맛이나 향신료를 추가하여 맛을 내는 경우도 있었습니다. 이러한 튀긴 빵이 쿠키의 시초라는 주장도 있습니다. 중세 유럽에서 튀긴 빵은 "프레티올라(Pretiola)" 또는 "프레티오수스(Pretiosus)"라고 불리는 음식이었습니다. 이 음식은 보존기간을 늘리기 위해 빵을 오븐이나 팬에서 구워서 만든 후, 기름에 튀긴 것이었습니다. 이렇게 만들어진 프레티올라는 단맛을 내기 위해 꿀이나 설탕, 시럽 등을 추가하기도 했으며, 로즈마리나 석류, 참깨 등의 향신료를 사용해서 맛을 내기도 했습니다.

바로 이 프레티올라가 단순한 간식으로 시작되었지만, 이후 다양한 변화를 거쳐서 현재의 쿠키에 이르게 되었다는 것입니다. 예를 들어, 16세기 프랑스에서는 달걀을 추가하여 식감을 부드럽게 하고, 모양을 다양화하는 등의 개선이 이루어졌습니다. 19세기에는 설탕을 대량으로 사용해서 달콤한 맛을 낼 수 있게 되었습니다.

오늘날의 쿠키는 박력 또는 중력분에 버터, 설탕, 베이킹 파우더나 베이킹 소다 등을 넣고-물론 아닌 것도 있지요- 만드는

것을 가리키고 있습니다. 편의상 비스킷을 쿠키라 칭하기도 하지요. 로마시대에도 꿀로 만든 쿠키가 있었다고는 하지만 버터나 설탕이 들어가지 않은 치즈나 꿀을 사용했다고 하니 어디까지 쿠키의 기원이라고 생각을 해야 하는 것인지도 다소 의문이 되긴하네요.

한편, 성경에도 이스라엘의 왕 다윗의 연대에도 과자(레비보트)를 빚는 내용이 언급되기도 합니다. 위에 언급된 로마시대의 꿀로 만든 쿠키와 비슷한 제조법이 아닌가 싶기도 합니다. 오늘날의 쿠키와는 다소 거리가 먼 단단하고 단맛이 나는 빵정도로 보는 것이 좀 더 비슷한 것 같습니다.

산타 클로스와 새서미 스트리트의 쿠키 몬스터를 굳이 언급하지 않더라도 누구나 쿠키 앞에서는 손부터 내밀게 됩니다. 여유시간이 생긴 나에게 어떠한 쿠키를 좋아하는지 물어볼 필요가 있을까요. 그냥 두툼한 초콜릿 칩 쿠키 하나와 우유 한잔 그리고 가볍게 읽을 수 있는 책 한권이면 나름 멋진 오후를 보낼 수도 있잖아요?

The page is an illustration-dominant handwritten sheet with largely illegible text.

10
포르투갈, 카스테라

첫번째, 포르투갈 선원들에게서 유래

카스테라(Castella)는 일본에서 널리 알려진 스펀지 케이크 종류로, 그 기원은 16세기에 이르러 포르투갈의 전통적인 케이크인 파오 데 로(Pão de Ló)에서 비롯됐습니다.

당시, 포르투갈 선원들은 남해 교역을 통해 아시아와 무역을 진행하기 위해 일본에 도착했습니다. 선원들이 포르투갈의 문화와 음식, 기술 등을 일본에 전달하는 과정에서, 파오 데 로 또한 전해졌습니다. 일본에서는 이 케이크를 수정하여 자신들의 기호에 맞게 만들어 가며, 그 결과물이 바로 현재의 카스테라로 발전했습니다.

카스테라는 일본어로 'カステラ'라고 쓰며, 이 단어는 포르투갈어 'Pão de Castela'에서 유래했다고 여겨집니다. 'Pão de Castela'는 '카스텔라'로 번역할 수 있으며, 이는 '카스텔라 지방

의 빵'이라는 의미입니다. 이렇게 해서 포르투갈에서 일본으로 전해진 빵은 일본의 문화와 섞여 점차 현재의 카스테라로 변화하게 되었습니다.

두번째, 포르투갈 선교사에게서 전파

일본에서는 조금 다른 버전의 카스테라 탄생 이야기도 전해지고 있습니다. 이 이야기에 따르면, 16세기 후반에 일본에 선교사로 온 프란시스코 자비에르(Francisco Xavier)가 카스테라를 일본으로 소개했다고 합니다. 프란시스코 지비에르는 포르투갈 출신의 선교사로, 그의 도움으로 일본에서 기독교가 전파되었습니다. 이를 통해 일본인들은 포르투갈 문화와 음식, 기술 등을 접하게 되었습니다. 그 중에 카스테라도 포함되어 있었던 것으로 추정됩니다.

세번째, 말라카에서 유래

말레이지아의 말라카에서 카스테라가 시작되었다는 이야기는 일본에서 발견된 카스테라와 비슷한 모양과 맛을 가진 음식인 "kastengel(카스텐겔)"이 말라카에서 처음으로 만들어졌다는 이야기로부터 비롯되었습니다. 말라카는 동남아시아의 섬 국가 말레이시아에 위치한 도시로, 오랜 역사를 가진 유럽과 아시아 국가들이 교류하면서 문화적 다양성이 유지되고 있습니다.

"kastengel"은 네덜란드에서 유래한 쿠키로, 말라카에서는 네덜란드식 요리를 기반으로 현지식으로 변형하여 만들어졌습니다. 이 쿠키는 밀가루, 설탕, 버터, 계란 등을 사용하여 만들며, 베이킹파우더 대신 소다를 사용하여 구워서 만듭니다. 쿠키는 진한 버터향과 고소한 맛이 특징이며, 현재도 말라카에서는 유명한 간식 중 하나입니다.

하지만 말라카에서 카스테라의 기원을 주장하는 이야기는 일본과 포르투갈에서의 주장보다는 확실한 역사적 근거가 부족한 것으로 알려져 있습니다. 또한, 일본에서 유래한 카스테라와는 다른 맛과 모양으로 만들어지는 "kastengel"은 일본의 카스테라와는 별개의 음식으로 인식되고 있습니다.

카스텔라는 확실히 포르투갈로부터 영향을 받았다고 보는 것

이 가장 유력합니다. 그 경로가 선원인지 선교사인지는 모르지만, 당시 교역의 중심지인 나가사키에서 일본 나름대로의 재해석을 통해 오늘날의 카스테라가 탄생했다고 보는 것이 정설로 받아들여지고 있답니다.

우스갯 소리입니다만, 나가사키의 카스테라 장인이 한국의 슈퍼마켓에서 판매하는 카스테라를 맛보고는 '이 가격에 이 맛으로 판매를 한다니 너무 놀랍다' 라고 했다는 루머가 있었습니다. 확실히 저도 어렸을 적 슈퍼마켓에서 처음 맛보고 카스테라라는 것을 알게 되었습니다. 비록 만화 검정고무신에서 나오는 것 처럼 결혼식 답례품으로 애용되던 시기는 지났지만 그래도 여전히 맛있는 빵을 골라야 할 때 늘 고민하는 빵인 것은 사실인 것 같습니다.

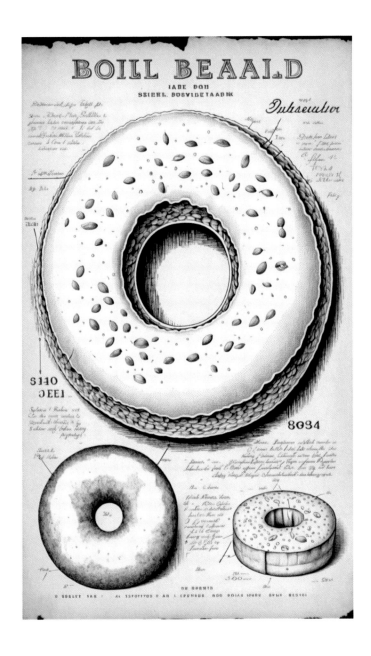

11
반지 빵, 베이글

첫번째, 유럽에서 기원

베이글의 기원과 관련하여 다양한 이야기가 있습니다. 그 중 하나는 15세기 유럽에서 베이글과 비슷한 음식이 이미 존재했다는 주장입니다. 이 음식은 "버게리"라는 이름으로 알려져 있으며, 독일과 폴란드 지역에서 많이 먹혔습니다.

이 음식은 베이글과 유사한 도넛 모양을 하고 있으며, 밀가루, 계란, 물, 이스트, 소금 등으로 만들어집니다. 요리법도 비슷하여 먼저 밀가루와 이스트를 섞어 반죽을 만들고, 이를 1시간 정도 발효시킵니다. 발효가 완료되면 반죽을 작은 조각으로 나누어 동그랗게 빚어서 도넛 모양을 만들고, 끓는 물에 1분 정도 살짝 데칩니다. 그 다음에는 바로 오븐에 구워서 마무리합니다.

버게리는 꿀이나 시럽으로 달게 만들어 먹기도 하며, 크림

치즈나 소세지, 햄, 치즈 등을 넣어 베이글 샌드위치로 먹기도 합니다.

버게리는 독일과 폴란드 지역에서 오래전부터 인기 있던 음식으로, 베이글과 비슷한 모양과 제조 방식을 가지고 있습니다. 따라서 베이글의 기원에 대한 주장 중 하나로 언급되기도 합니다.

두번째, 폴란드에서 기원

오브바르자넥(Obwarzanek)은 폴란드의 크라쿠프 지역에서 유래된 음식으로, 베이글과 매우 유사합니다. 폴란드어로는 "묶은 것"이라는 뜻을 가지고 있으며, 끈으로 묶은 뒤 끓는 물에 틀어서 만들어집니다. 오브바르자넥은 특히 크라쿠프 지역에서 인기 있는 먹거리 중 하나로, 현지인들은 아침식사나 간식으로 자주 먹습니다.

오브바르자넥의 역사는 정확히 알려지지 않았지만, 14세기에는 이미 크라쿠프 지역에서 먹혔다는 기록이 남아 있습니다. 폴란드의 전통적인 빵을 기반으로 만들어졌으며, 오브바르자넥은 일반적으로 소금, 꿀, 깨 등의 재료를 사용하여 맛을 낸다고 합니다.

세번째, 유대인에게서 유래

유대인 커뮤니티에서 베이글이 전파되기 시작되었다는 주장은 매우 유력한 주장 중 하나입니다. 17세기부터 베이글이 유대인들 사이에서 매우 인기 있는 음식 중 하나였습니다. 기원이라기엔 폴란드를 비롯한 일부 유럽국가 지역에서 시작되었다고 보는게 정설이므로 사실상 유명해진 계기라고 보는게 더 맞을 것 같습니다.

유럽에서 생활하던 유대인 이주민들이 미국 등지로 옮기면서 베이글을 전파했다는 것입니다. 유대인들은 이 음식을 "베이글"이라는 이름으로 불렀으며, 중세 유럽에서는 "베이커리"라는 이름으로도 알려져 있습니다.

베이글은 욤 킵푸르(Yom Kippur)와 같은 종교 행사에서 먹는 음식이기 때문에 유대인들에게는 매우 중요한 음식 중 하나입니다. 베이글은 원형으로 만들어지기 때문에 유대인들이 신의 무한한 사랑과 인내력을 상징한다고 믿어졌습니다. 또한 베이글의 구멍은 신의 눈에 들어가지 않게 하기 위해서라는 설도 있습니다.

뉴욕과 몬트리올을 서로 물어뜯게 만드는 아주 쉬운 방법 중 하나는 어디의 베이글이 더 맛있냐는 질문을 던지면 됩니다.

만드는 방식과 굽는 방식이 다르기에 맛에서도 확연한 차이가 나는 두 곳의 베이글은 각자의 자존심을 대표하는 음식이지요. 우리가 잘 알고 있는 베이글은 사실 뉴욕 베이글입니다. 미국 그리고 뉴욕이라는 압도적인 브랜드 파워로 인해 세계 많은 사람들이 비교적 쉽게 접하게 되었지요.

반면, 몬트리올의 베이글은 자부심에 비해 덜 노출이 되어있습니다. 굽기 전에 꿀물에 삶고 나뭇조각을 태운 오븐에서 굽습니다. 그리고 가장 특이한 점 중의 하나는 소금을 아예 넣지 않거나 최소한으로만 넣는다는 것이죠. 때문에 소금이 안들어간 빵 특유의 심심한 단맛이 특징입니다. 뭐, 이러한 이유 때문에 좀 더 보편적이지 못한 이유일지도 모르겠습니다.

맺으며

빵과 관련된 이야기들은 언제나 흥미롭습니다. 뭐 대부분은 배고프니까 손에 있는 대로 먹어버렸기에 굳이 지식을 동원할 필요가 없었을 만한 상황이 역사의 대부분을 차지하고 있었을테지만 말입니다. 노동의 대가로, 자비의 상징으로, 오늘을 살아가야 하는 에너지원으로 등 각자 역할에 충실했을 뿐 부드러운 속살에 그리고 달콤한 혀끝에 담긴 이야기를 알려고 하진 않았던 것 같습니다.

기억을 되짚어 보면 역사적 사건들과 유명인들 그리고 많은 문학작품에서 빵이 나온 장면들이 꽤 많습니다. 빵에 관련된 가장 기억에 남는 영화장면을 이야기하자면 많은 사람들이 '바스터즈: 거친녀석들'에서 독일장교인 한스 란델이 먹는 스투르델을 떠올릴지도 모르겠습니다. 유대인을 심문을 하는 긴장되는 장면인데 크림을 듬뿍 올린 스투르델을 참 맛있게도 먹는 장면이 아이러니 하면서도 사람들의 웃음을 자아내었죠. 그리고 이 영화를 본 후 스트루델을 먹어보고 싶다는 사람들이 꽤 많았습니다.

물론, 빵을 먹을 때 꼭 이름과 스토리를 몰라도 맛있게 먹을 수는 있습니다. 하지만 의미가 스며든 제품이라면 맛과 모양 또는 식감에서 한번이라도 더 오감이 쏠리게 되는건 부정하지 못할 것입니다. 빵은 먹을 수 있는 예술입니다. 어느 것 하나 시대를 떠나서 이유나 목적 없이 탄생한 것은 없을 것입니다. 탄생의 기원을 알았을 때, 내 손에 들리기까지 어떠한 시간을 지나왔는지를 알게 된다면 더 맛있게 먹을 수 있지 않을까요.

이 책을 집필하며 AI(ChatGPT-4)에게 많은 질문을 던졌습니다. 그리고는 오랜 고심 끝에 몇 가지만 추려 AI와 다시금 심도 있는 대화를 나누었습니다. 이 책은 전문적인 지식을 제공해 드리기 위한 책은 아닙니다. 다만 여러분의 삶 속에 쉽게 접하게 되는 빵들이, 이야기처럼 들려드린 탄생이야기를 읽은 뒤로 조금이라도 의미 있는 제품으로 다가온다면 여러분의 삶가운데 작은 부분이 밝게 빛나듯 눈에 들어오기 시작할 것입니다.

빵에 대한 마지막 이야기까지 함께해 주신 여러분께 감사의 말씀을 드립니다. 맛있게 드세요.